수학, 그 의식의 흐름

이 책의 사용법

각각의 지면(紙面)의 도형과 그림을 본 후, 그것이

무엇을 나타내고자 하는지 해당 지면의 여백에 자유롭게 씁니다.

질문이 있는 쪽에는 생각하는 답을 씁니다. 답을 쓴 후,

왜 그것이 답인지 글, 그림, 이야기 등으로 표현합니다.

Mathematics, flow of the consciousness

How to use this book

After looking at the shapes and pictures on each page,

in the margin, freely, to be write about mathematics context related you think.

If there are questions on the page, write the answer you think of. After writing your answer,

express why that is the answer through writing, drawing, telling, etc.

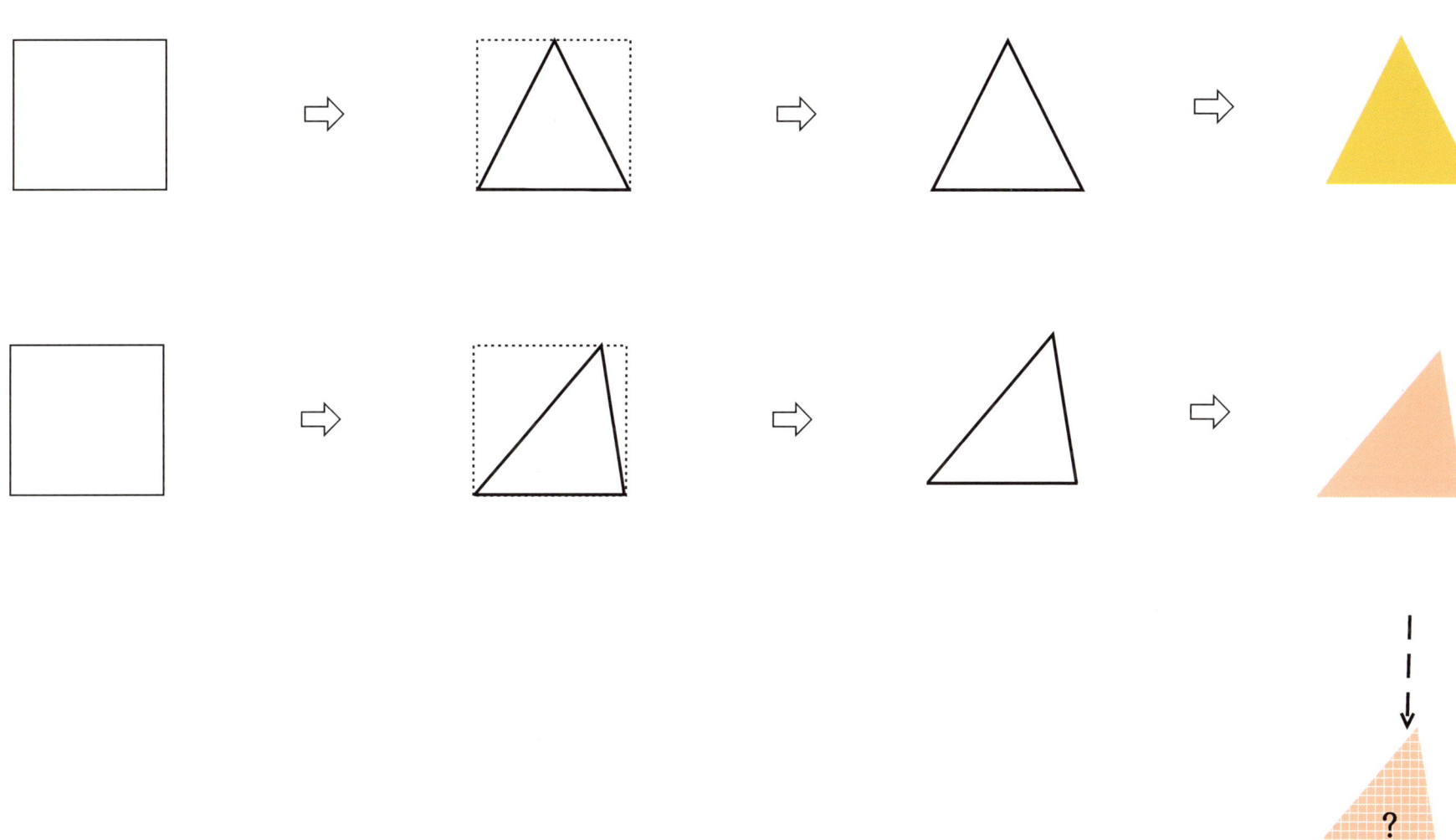

$1cm^2$ $1cm^2$
$1cm^2$ $1cm^2$

$1cm^2$

⇩

וארב

enlarge

$1cm^2$ $1cm^2$

1

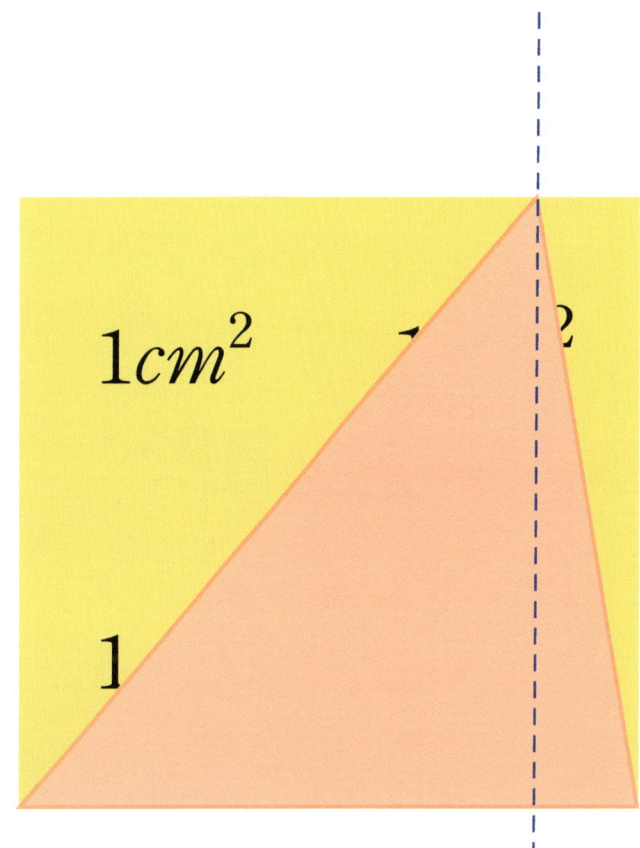

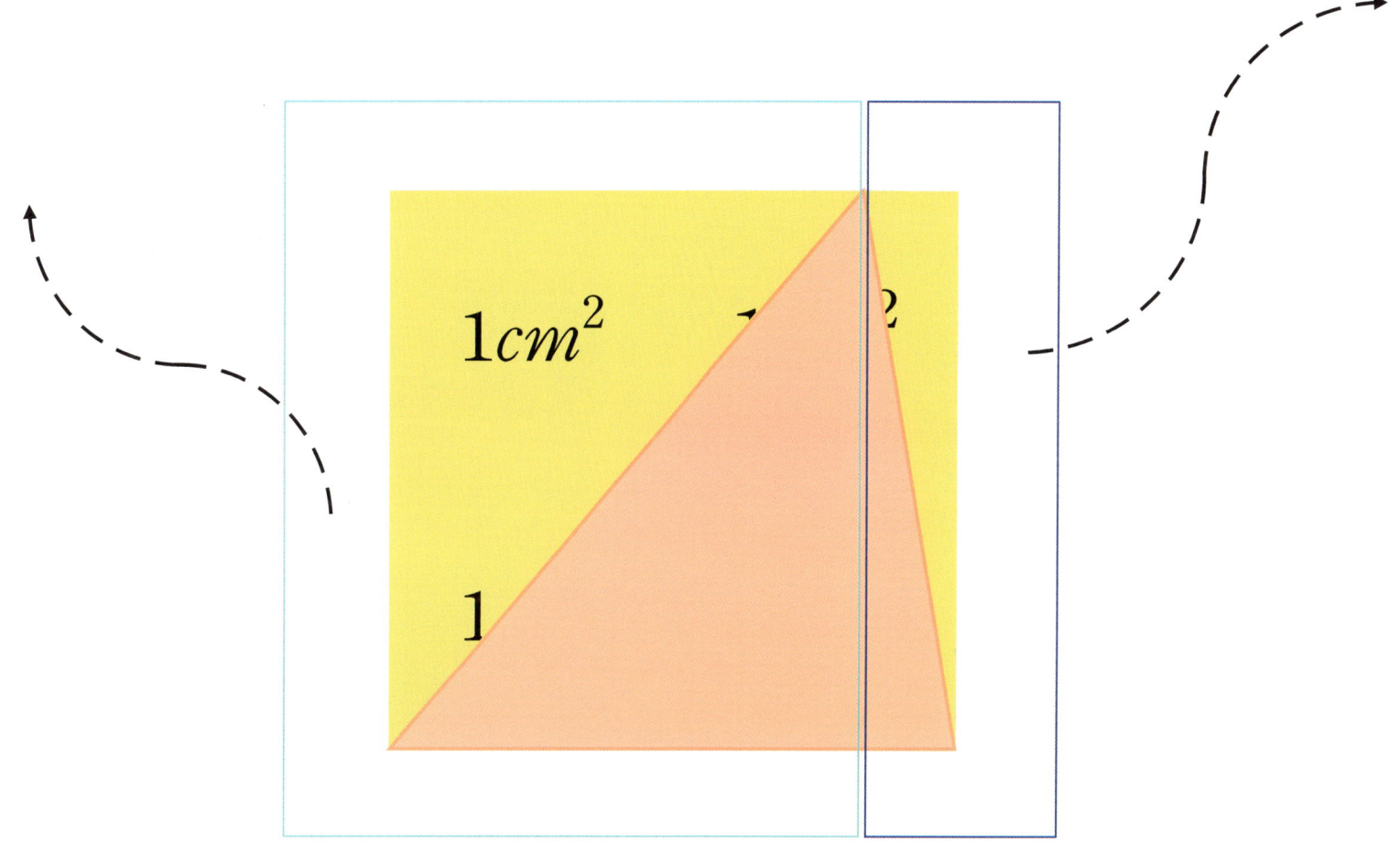

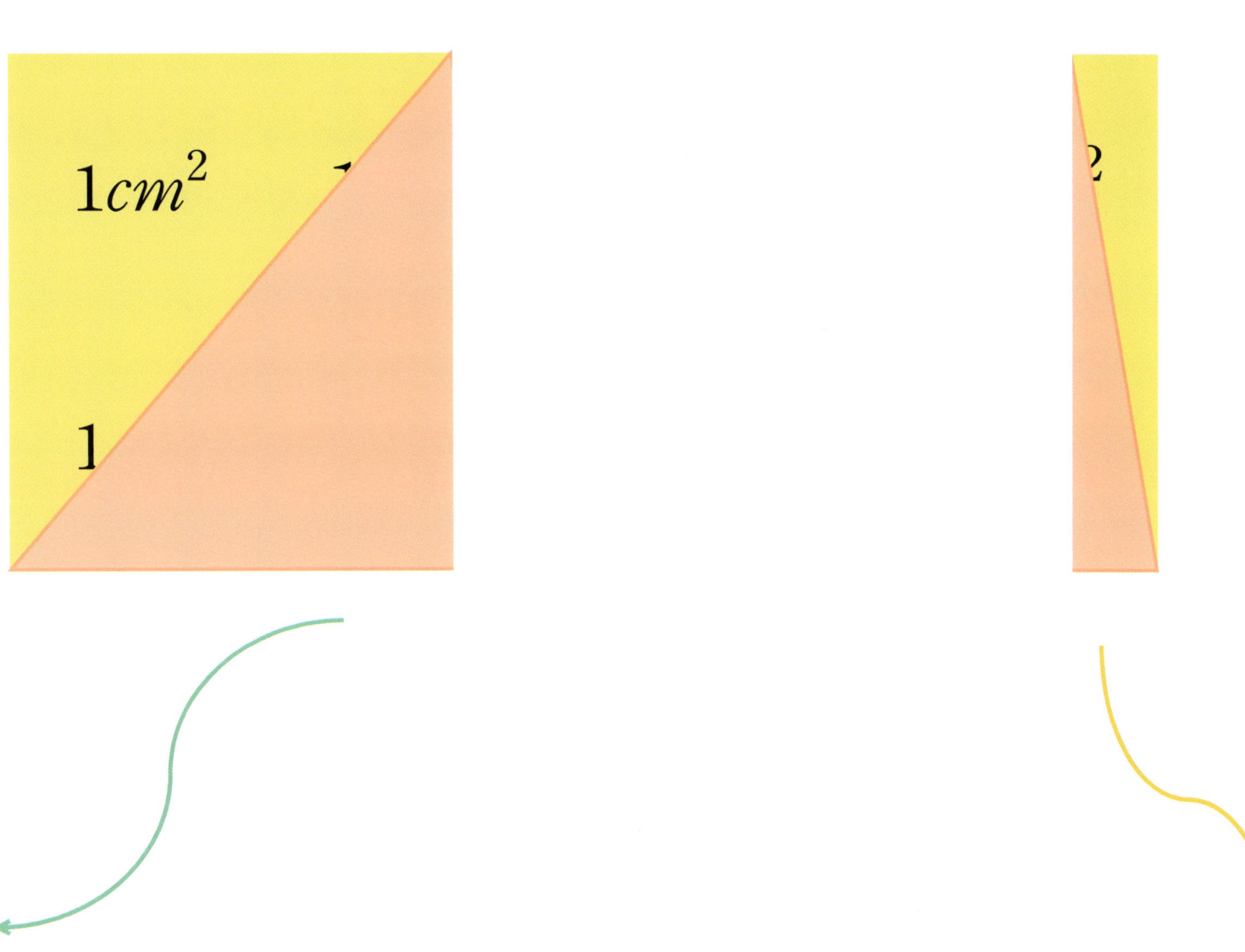

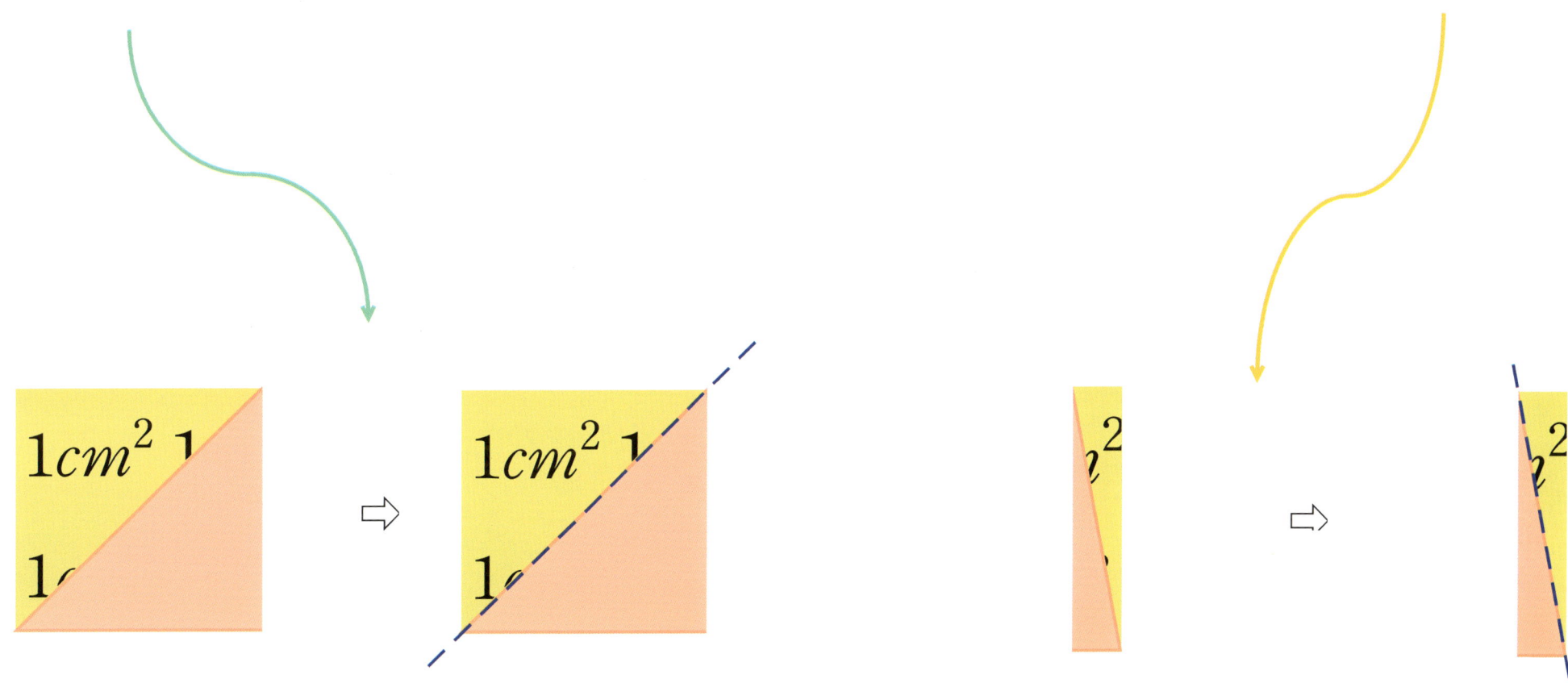

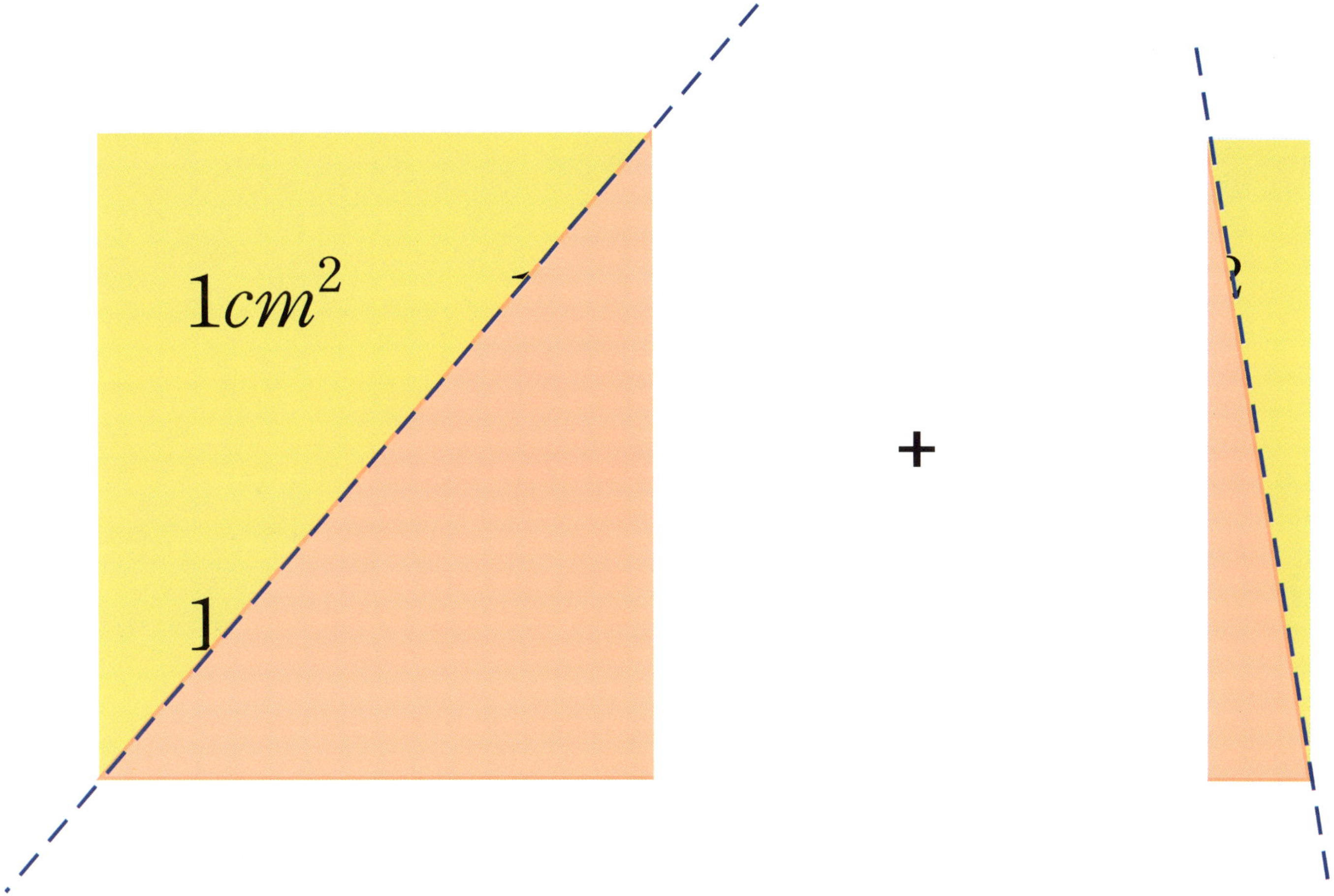

$1cm^2$

+

이 그림은 다음 페이지의 그림과 같을까?

Is the same next figure?

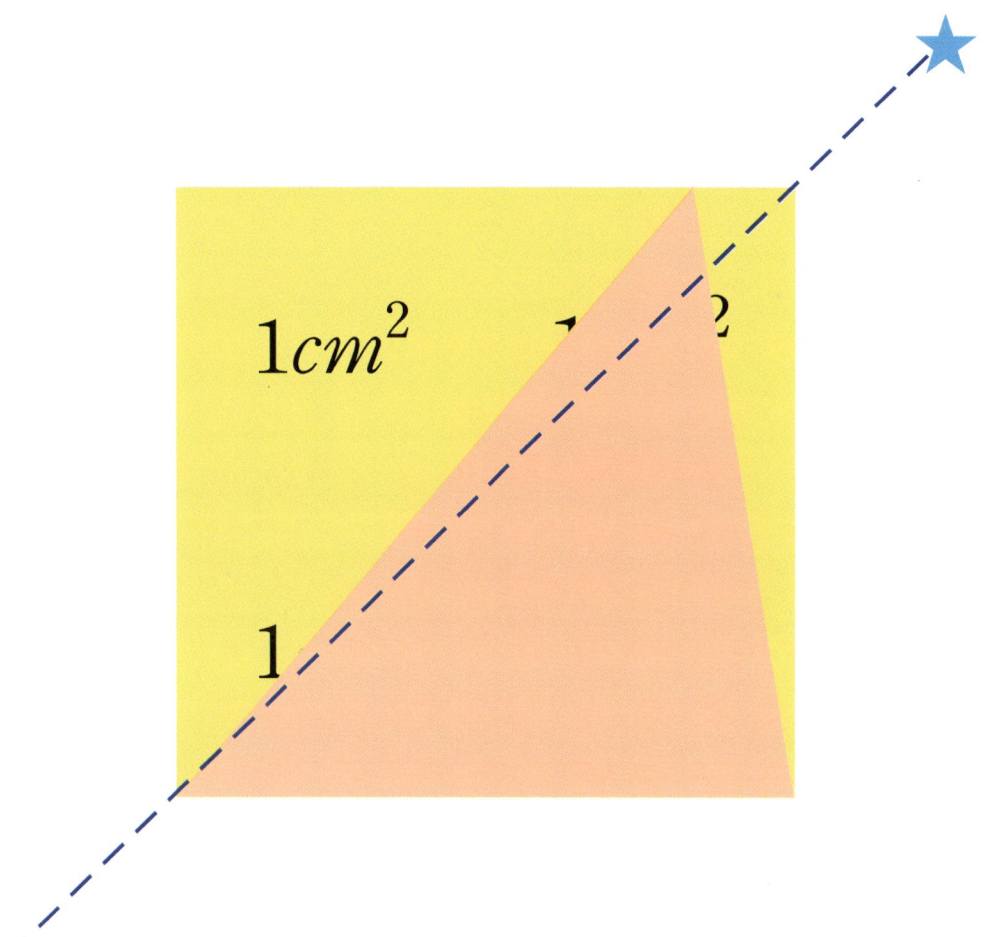

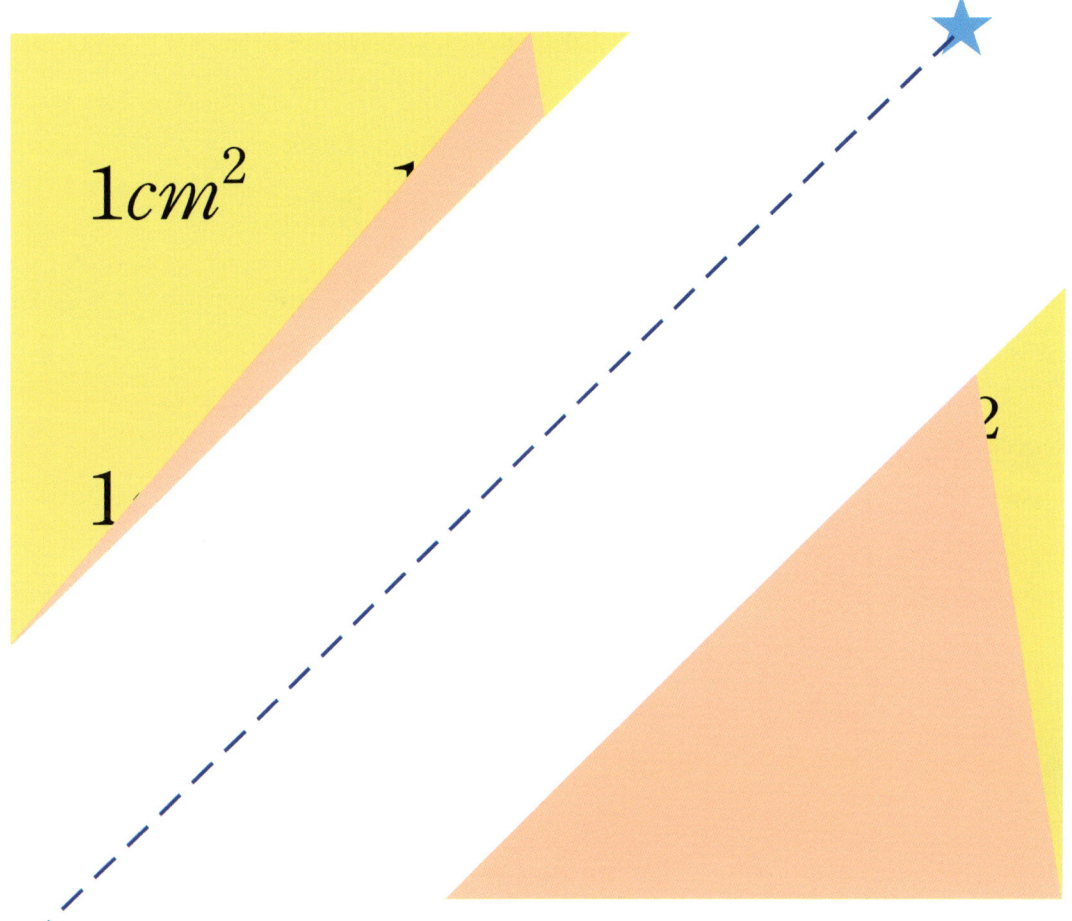

그러므로,
Thus,

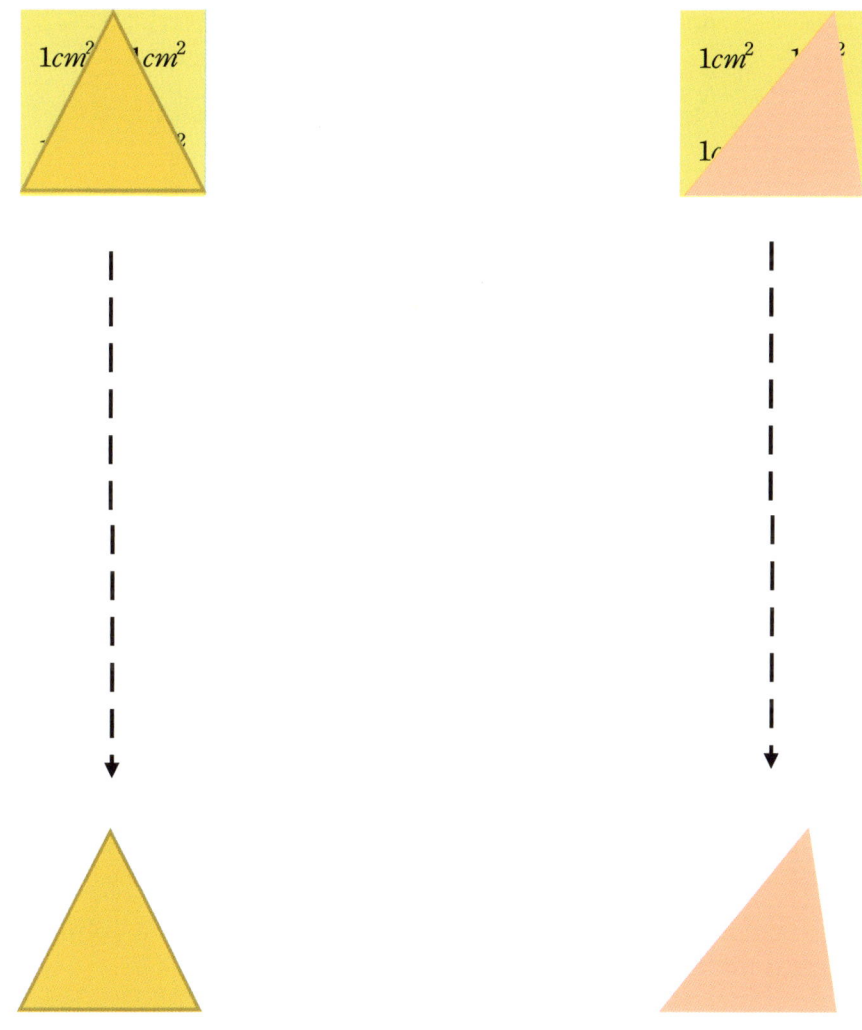

△　　(= , ≠)　　△

선택은 (　= , ≠ 　)
Choice (　= , ≠ 　)

◆ 넓이 ◆ 삼각형 ◆ 확장 ◆
◆ Area ◆ Triangle ◆ Expansion ◆

재밌고 진지한 수학책

의◆흐◆수

'의흐수'는 수학에 대해 어떤 이야기를 하고 싶은 걸까요?
'의흐수'를 보고 생각한 여러분의 수학 이야기를 www.instagram.com/mijeongood 에 써 보세요. 의흐수 시리즈별 목록에 말이예요.

What does 'Uiheusu' want to say about mathematics?
Shall we write our math story at www.instagram.com/mijeongood, about your think of 'Uiheusu's math context?
In the list of each 'Uiheusu' series.

더 나은 생각 Think better, mathematics

더 나은 생각 Think better, mathematics

더 나은 생각 Think better, mathematics